MW01173226

ALEJANDRO PÉREZ BOLAÑOS

Mi Amigo Papagayo

Un viaje para reencontrarnos con el
niño que fuimos...

BARKERBOOKS

BARKERBOOKS

MI AMIGO PAPAGAYO
Derechos Reservados. © 2023, **ALEJANDRO PÉREZ BOLAÑOS**

Edición: Armando Saint-Martin | BARKER BOOKS®
Diseño de Portada: Paulina López | BARKER BOOKS®
Diseño de Interiores: Paulina López | BARKER BOOKS®

Segunda edición. Publicado por BARKER BOOKS®

I.S.B.N. Paperback | 979-8-89204-388-5
I.S.B.N. Hardcover | 979-8-88929-355-2
I.S.B.N. eBook | 979-8-89204-389-2

Derechos de Autor - Número de control Library of Congress: 1-13230092081

Barker Publishing, LLC
500 Broadway 218, Santa Monica, CA 90401
https://barkerbooks.com
publishing@barkerbooks.com

DEDICATORIA

Quiero dedicar con amor mi primer libro a Juan David, un niño vendedor ambulante de Cartagena de India, que movió las fibras de mi alma mostrándome que no hay dinero que pueda comprar a tus seres amados.

A mi amado Enrique que desde su partida de este plano físico ya no vive cerca de mí, sino dentro...

A Dios por ser Dios y permitirnos, más allá de las pruebas del camino de la vida, poder ser niños por siempre.

AGRADECIMIENTOS

Agradezco enormemente a mi amada familia por haberme dado entre otras cosas, la sensibilidad para tratar de construir un mundo mejor.

Y a todos esos seres humanos que a lo largo del camino me han enseñado que hasta el más débil cabello hace sombra...

PRÓLOGO

A comienzos de los años noventa, tuve la oportunidad de participar en la organización del "Primer Campeonato Infantil de Papagayos" (papagayo es la forma en que le decimos en Venezuela a las cometas), el cual se realizó en el Paseo del Lago de la ciudad de Maracaibo (estado Zulia), organizado por una prestigiosa cadena de farmacias.

Recuerdo que invité a Pedro Montesinos y a Luis Gerónimo Abreu, dos de mis mejores amigos, a que me ayudasen en la producción del evento y les prometí que no iban a tener que hacer gran cosa, ya que pensaba que trabajar con niños era tarea fácil. Sin embargo, no fue así, los dos invitados terminaron destrozados y muertos del cansancio, pero lo importante es que no dejaron de tratarme.

Además, el calor típico de la ciudad de Maracaibo nos obligó a gastar el dinero que teníamos previsto para la comida, en cepillados (granizados de agua con saborizantes) y cualquier tipo de bebida no alcohólica que nos hidratase.

La idea del evento no fue mía y aunque la organización fue un desastre, valió la pena participar en él. Era realmente difícil controlar a tantos niños que brincaban, jugaban y al mismo tiempo intervenían en el evento, pero más difícil nos resultó premiarlos, ya que teníamos pocos premios y todos merecían un estímulo por su participación, mas así es la vida: unos ganan y otros pierden...

Se premiaba al niño que tuviese el papagayo más original, al que lo volara más alto y al que lo bajara en el menor tiempo posible, sin chocar con otros papagayos. El jurado tenía que ingeniárselas, ya que desde abajo casi todos se veían a una misma altura.

El evento contó con la participación de muchos niños en edades comprendidas entre cinco y trece años. Lo que me inspiró a escribir este pequeño libro fue ver cómo estos niños viajaban a otra dimensión a través de sus papagayos, cómo se desconectaban del mundo real y se transportaban a uno imaginario creado por ellos mismos, sin guerras, sin odio, sin maldad...

Era fascinante ver el éxtasis en el rostro de algunos niños que a través de sus papagayos cocreaban un mundo mejor y, sobre todo, experimentaban una sensación de libertad única e ilimitada. Los niños, definitivamente poseen ese don de hacer su mundo aparte en cualquier momento y espacio, dándole vida a lo inanimado y haciendo, de lo invisible, algo visible y tangible.

Fue entonces, al finalizar este evento, cuando sentí la necesidad de plasmar todas las emociones que viví ese día, para así tratar de despertar en nosotros, los adultos, la urgencia de rescatar a nuestro niño perdido, para hacer de este un mundo donde podamos transformar lo que parece imposible y, sin temor alguno, hacer realidad todos nuestros sueños.

Toda esta historia es irreal, pero vive en mí de la manera más auténtica que ustedes puedan imaginarse, pues como dije antes, cuando somos niños, a lo irreal, dándole color, forma y amor, lo convertimos en real.

Sin más preámbulos...

Mi amigo Papagayo.

Al niño que todos llevamos dentro...

Alejandro Pérez Bolaños

Jesús al ver esto se indignó y les dijo: *"Dejen que los niños vengan a mí. ¿Por qué se lo impiden? El Reino de Dios es para las que se parecen a los niños, y les aseguro que quien no reciba el Reino de Dios coma un niño, no entrara en él".* (Mc 10,14-15)

LA SOLEDAD

Yo vivía en un pequeño pueblo llamado La Soledad, ubicado a ocho horas de la ciudad de Caracas. Mi pueblo era muy hermoso, lleno de árboles y rodeado de grandes montañas. Tenía además un río que pasaba cerca y que servía de distracción a los habitantes y visitantes, haciendo de La Soledad un lugar único. Para mí era incomparable y tenía una magia que envolvía a todas las personas que lo habitaban.

Vivía con mis padres Julia y Juan José, quienes eran unos campesinos maravillosos y sin mayores estudios, quienes se dedicaron en cuerpo y alma a la ganadería y a la agricultura, con lo que pudieron conformar una hermosa familia y darme todo lo que estaba a su alcance, por lo menos lo primordial: comida, ropa, estudios y mucho amor.

Yo era hijo único y mi padre, una que otra vez, me decía cuando íbamos a ordeñar las vacas: "Juan David, quiero que el día de mañana seas un hombre de bien, profesional y con una familia grande; no quiero que te pase como a tu mamá y a mí que, por no estudiar, la vida se nos ha puesto muy dura".

Nunca pensé que lo que mi padre me pedía era tan comprometedor, ya que mis sueños, para ese entonces, eran otros. Definitivamente nuestros sueños casi nunca coinciden con los de nuestros padres. Muchas veces ellos quieren que seamos lo que ellos no fueron y ver sus sueños frustrados realizados en nosotros.

Si quisieron ser músicos y no llegaron a serlo, se empeñan en que nosotros lo seamos, así sucede con otras carreras y con tantas cosas que uno ni se imagina. A algunos de ellos les da miedo hacer realidad sus sueños y se justifican diciendo que ya es muy tarde; pero ¿quién más que uno mismo para determinar el tiempo? Definitivamente piensan como adultos...

Para mí, a los ocho años, mi único sueño era ser feliz sin preocuparme de lo que iba a ser el día de mañana, aunque me encantaba la idea de ser médico. Siempre he pensado que la medicina no es solo una profesión, sino una misión que es encomendada a algunos seres humanos, para asistir a las personas y a través de sus manos inyectarle amor a todo el que lo necesite.

Era solo un niño y la felicidad me la proporcionaban mis padres, mi perro Yako y mi inseparable amigo Papagayo. En las tardes salía a jugar con Yako y Papagayo, los tres corríamos por las praderas y las montañas, hasta que después de tanto recorrer llegábamos al lugar más alto de uno de los cerros, al que llamábamos "Mi Refugio", desde donde yo contemplaba, a lo lejos, el mar y toda La Soledad.

Mi pueblo se caracterizaba por sus atardeceres, los cuales mostraban unas tonalidades únicas de colores, que hacían que los considerasen, los expertos, entre los crepúsculos más hermosos de Venezuela.

Nos sentábamos a hablar y a contamos historias; Yako era muy inquieto, cuando se emocionaba se me lanzaba encima y me lamía la cara, yo lo amaba con toda mi alma. Él no era un perro de raza fina, pertenecía a ese tipo que comúnmente en nuestro país son llamados "Cacri" (callejero con criollo), pero con una intuición y una habilidad que ningún otro perro del pueblo tenía.

EL MEJOR DE LOS VUELOS

Después de jugar con Yako tomaba a Papagayo y le preguntaba:

—¿Estás listo?

—¡Claro que sí! Tú sabes que siempre estoy listo.

Y entonces se lanzaba al vuelo. Volaba más alto que nunca, bajaba y subía con gran facilidad, me tomaba de la mano y juntos recorríamos mundos maravillosos. Desde arriba todo se apreciaba de manera diferente y sentíamos una gran sensación de libertad.

El aire acariciaba mis cabellos y las nubes nos cubrían; los dos abrazados desafiábamos la gravedad, jugábamos con los pájaros y las gaviotas. Estas eran muy inteligentes y expertas del vuelo; yo hablaba con ellas, les contaba de mis sueños y de lo que pensaba de la vida. Ellas me decían:

—Mi pequeño Juan, ojalá el día de mañana puedas mostrarles a tus hermanos, que la solución a tantos problemas que los afectan, está en el AMOR. Él lo es todo, si los seres humanos se amaran, no se quitarían pertenencias unos a otros, todo sería de todos, no se matarían y no harían nada que fuese en contra de sus mismos hermanos.

Así, día tras día, compartíamos con ellas y aprendíamos algo nuevo, sobre todo técnicas de vuelo. Cuando bajábamos nos esperaba Yako, los tres reíamos y jugábamos hasta casi las seis de la tarde, hora en que tenía que regresar a la casa.

Mis padres tenían muy buen carácter, pero no les gustaba que desobedeciera sus órdenes, sobre todo que llegara tarde a casa. No es que mi pueblo fuese peligroso, por el contrario, era un pueblo muy tranquilo, aunque ahora comprendo que los padres deben establecer ciertas reglas que nos enseñen desde pequeños a tener disciplina y respeto hacia todo lo que nos rodea.

Yo era un niño algo solitario, porque mis vecinos eran mayores que yo, ellos no entendían mis juegos, mucho menos mi amistad con Yako y Papagayo. En la escuela compartía con niños de mi edad, pero al salir de ella cada quien se iba a su casa y como la mía quedaba algo distante de la de mis compañeros de clase, se me hacía difícil verlos en las tardes para jugar.

Muchas veces me sentía triste al ver que algunos niños hacían maldades, seguramente siguiendo malos ejemplos. Los padres no se dan cuenta que, cuando somos niños, imitamos todo lo que vemos en ellos, quienes tienen que predicar con su buen ejemplo.

Yo no era muy buen estudiante, debido a que la mayor parte del tiempo estaba pensativo y soñando dentro del salón de clases. La maestra Belén me decía: "Juan David, aterriza que estás en el planeta Tierra". Hasta que llegó un momento en que mis compañeros me llamaban "El Marcianito", a lo que yo no hacía mucho caso.

El horario de clases era de siete de la mañana a una de la tarde y tenía que levantarme muy temprano para poder bañarme, arreglarme y llegar a tiempo al salón. Mi escuela quedaba a unos cuantos kilómetros de la casa, pero una que otra vez conseguía a alguien que me llevara para llegar a la hora establecida.

Cuando se acercaba la hora de salida empezaba a emocionarme porque sabía que vería a mis amigos. Al llegar a la casa me sentaba a hacer mis tareas y al terminar me ponía mis pantalones cortos, mi sombrerito de cogollo (sombrero típico elaborado de paja trenzada), mis alpargatas (calzado típico usado por los campesinos venezolanos) y salía corriendo a jugar.

Mi papá me decía que tuviese mucho cuidado con los animales peligrosos que podía encontrar en el camino, como culebras, alacranes o cualquier bicho raro que suele haber en el monte, pero cuando somos niños no nos preocupamos por lo malo, simplemente nos lanzamos a la aventura de la vida y ella nos lleva por el mejor camino.

ANSIEDAD POR APRENDER

Mi mamá era una mujer que hablaba poco, pero a veces cuando nos sentábamos a comer, me preguntaba qué había hecho durante el día y cómo me había ido en la escuela; así mis padres y yo nos quedábamos hasta más de una hora conversando. Yo les hacía siempre muchas preguntas y mi mamá me respondía: "Juan, Juan... siempre con tus preguntas...". Recuerdo el día en que le pregunté:

—Mamá, ¿quién es Dios? —Ella me contestó:

—Juancito, Dios es el creador de todo lo que puedes ver, oír y sentir.

—Sí, pero ¿quién hizo a Dios?

— Juan, Dios es único, es TODO.

—Está bien; pero ¿cómo surgió?, ¿por qué nos creó?, ¿por qué?, ¿por qué...? —Ella me dijo con su voz dulce:

—Juan, hay cosas en la vida que no tienen explicación o por lo menos yo no sé dártelas.

Y así todos los días tenía algo que preguntar y algo que aprender, pero me molestaba no hallar respuesta a mis inquietudes.

Era demasiado curioso y siempre le buscaba explicaciones a lo inexplicable. Creo que cuando empezaba con la preguntadera mi mamá se ponía nerviosa de pensar que no podía responder a todas mis preguntas. Era una campesina sin estudios, pero con una sabiduría inmensa que solo la da la universidad de la vida.

Al día siguiente le pregunté a mis amigas las gaviotas, lo mismo que le había preguntado a mi mamá, acerca de Dios y la mayor de ellas, llamada Luz, me contestó:

—Juancito, en la vida todo tiene una razón de ser, pero quiero que tengas presente este mensaje que te voy a dar, para que el día de mañana no te desesperes buscándole respuesta a cosas que muchos de los humanos no te van a poder responder. Recuerda lo siguiente: "Entrarás en el seno de la luz y no tocarás la llama". —Yo no entendí nada de lo que me dijo mi amiga Luz, pero esa frase se me quedó grabada hasta el día de hoy.

Mis padres nunca le dieron importancia a las cosas materiales y su amor se basaba en la sinceridad y humildad que sentían el uno por el otro, aunque jamás los vi expresarse ese amor delante de mí con palabras.

Algunas noches me quedaba despierto hasta tarde para ver qué pasaba entre ellos y una que otra vez llegue a oír palabras y frases sueltas de la boca de mi padre, quien decía: "Mi Julia, ¿qué sería de mí sin ti? Creo que nacimos el uno para el otro"; y cosas similares, pero solo sucedía cuando mi papá tenía algunos traguitos de más. Ellos sin hablar mucho me enseñaban con su ejemplo; definitivamente son mejores los hechos que las palabras…

Los domingos íbamos a misa y cada cierto tiempo mis padres se confesaban con el párroco del pueblo, el padre Sebastián, quien era buena gente, pero siempre estaba regañando y de mal humor.

No entendía, ni entiendo, cómo las personas pueden confesarse arrodilladas y sin verle la cara al padre, pero eso ha venido modernizándose y hoy en día muchos sacerdotes confiesan cara a cara, lo que me parece mejor.

Lo poco que podía saber del Maestro Jesús y de la religión católica lo aprendí de mis padres y en las misas, pero reconozco que el padre Sebastián era muy frío y mecánico a la hora de hablar de Jesús. Fue solo de adulto cuando me interesé por conocer a fondo, y de una manera más íntima, todo acerca de su vida y su obra.

Así transcurrían los días y los meses sin mayor cambio en mi vida, siempre con mis dos amigos y mis padres.

LA MAGIA DE LA NAVIDAD

Recuerdo una de las Navidades cuando estaba cumpliendo nueve años y se acercaba la fecha del nacimiento del Niño Jesús, y, como de costumbre, le escribí una carta, que encontré hace poco entre las cosas de mi madre y que decía lo siguiente: "Querido Niño Jesús, quiero saludarte y decirte que te quiero mucho, aunque no te he visto en persona, pero mis padres me han hablado de ti; también me dijeron que no tienes mucha plata, ya que tienes que regalarle a todos los niños del mundo. Por eso te voy a pedir algo que no te va a costar mucho:

1.- Quiero que mis padres y yo siempre estemos juntos.

2.- Que Yako y Papagayo sean siempre mis amigos.

3.- Que los niños del mundo sean felices y tengan la suerte de tener a unos amigos como los míos, y por último, quiero que me traigas una bicicleta.

Te quiero mucho, tu amigo, Juan David".

Ese 24 de diciembre el Niño Jesús me trajo un caballito de madera y mis padres me regalaron un carrito, también de madera. A diferencia de algunos amiguitos, el Niño Jesús me traía pocos regalos, pero eso no me preocupaba mucho, mal que bien, siempre recibía algo aunque no fuese lo que había pedido.

Disfrutaba viendo cómo la mayoría de las casas de La Soledad eran decoradas con luces y adornos navideños. Me hacían sentir que estaba en otro mundo, cuando veía con los ojos entreabiertos las calles iluminadas de mi pueblo. El cielo se veía más estrellado que nunca; en las noches las personas caminaban por la plaza contemplando el pesebre que cada año construían los mismos habitantes. En mi casa mi mamá también ponía el pesebre y lo adornaba con luces, aunque era sencillito a mí me gustaba mucho.

Una mañana fuimos a caminar en familia por la plaza y llegamos hasta la bodega para comprar algunos ingredientes que eran necesarios para la cena de fin de año. Recuerdo que mientras mis padres compraban, salí de la bodega y me puse a jugar con mi perinola (balero).

De pronto, al voltear, vi que en la tienda que se hallaba al frente estaba un niño descalzo y sin camisa, con el rostro algo sucio, quien contemplaba a través de la vidriera cómo las personas compraban, teniendo él que conformarse con la triste realidad de no poder tener lo que los demás tenían. Al ver semejante escena fui corriendo a donde estaba el niño y le dije:

—Hola, ¿cómo te llamas? —Él se quedó callado y le insistí—: ¿Cómo te llamas? —Él me contestó con una voz tan suave que apenas alcance a escuchar:

—Carlos... —Y mostró una sonrisa que no he podido olvidar hasta el día de hoy. Era tan radiante como un sol. En eso escuché que mi padre me llamaba:

—Juan David ven, te estamos buscando.

Me despedí de Carlos y antes de irme le regalé mi perinola. Mis padres se quedaron sorprendidos cuando vieron que me estaba desprendiendo de mi juguete, pero yo sé que estaban felices por mi actitud. Mi padre me dijo:

—Juan David, me siento orgulloso de ti, quiero que sepas que en la vida es importante no apegarse a las cosas materiales.

Luego nos fuimos caminando y disfrutando del atardecer. Al llegar a la casa no quise jugar con Yako ni con Papagayo, me quedé pensando y soñando durante un largo rato, hasta que llegó la hora de la cena y, como de costumbre, comencé con mis preguntas:

—Mamá, ¿por qué existe gente pobre?

—Juan, otra vez con tus preguntas, en la vida encontrarás de todo: cosas buenas y cosas malas, gente buena y gente con malas intenciones, gente rica y gente pobre...

—Si mamá, pero ¿por qué yo tengo y él no?, ¿por qué yo soy yo y no soy otro niño?, ¿por qué hoy comí y ese niño que vi en la plaza no tiene que comer? Mamá, si Dios existe, ¿por qué permite que pasen todas estas cosas?

—Hijo, Dios nos da la vida y eso es suficiente regalo. Por favor Juan David no me hagas más preguntas.

Me levanté de la mesa sin terminar de cenar, salí al patio y me senté en la mecedora a contemplar las estrellas, a buscarle forma a las nubes y a pensar en lo que había visto ese día. Con todas mis fuerzas le pedí a Dios que me diera la oportunidad de ver nuevamente a Carlos y hacerme amigo de él.

A la mañana siguiente desperté, tomé mi desayuno, fui a jugar con mis amigos y a darnos el feliz año en "Mi Refugio". Esa tarde el cielo estaba más despejado que nunca y un chorro de mariposas azules bailaban a nuestro alrededor. Luego Papagayo y yo volamos un rato y, como de costumbre, hablé con Luz, mi amiga gaviota, a quien le pregunté:

—Luz, ¿ustedes celebran el 31 de diciembre y se dan el feliz año?

—¿A qué te refieres Juancito?, ¿qué es eso de feliz año?

—Bueno, nosotros cuando son las doce de la noche del día 31 de diciembre nos abrazamos y nos deseamos lo mejor para el próximo año que comienza.

—No Juancito, aquí el 31 de diciembre lo celebramos todos los días, ya que siempre nos damos mensajes de amor y nos deseamos lo mejor los unos a los otros.

—Y por cierto Luz, el otro día le hice una pregunta a mi mamá y la respuesta que me dio no me convenció.

—Y ¿qué es eso que tanto quieres saber?

—Bueno, yo quiero saber por qué existen personas pobres, que no tiene que comer y que no tienen tantas cosas como yo, si Dios existe, ¿por qué deja que pasen todas estas cosas?

—Juan David, en esta vida cada ser humano tiene una misión que cumplir y muchas veces las personas, antes de nacer, escogen vivir en ciertas condiciones que resultan bastante difíciles e injustas; pero para ellos esa decisión representa un mayor crecimiento espiritual en su proceso evolutivo; es por eso que te encuentras con personas que nacen en desventaja frente a otros seres humanos, pero ellas sin saberlo están viviendo la vida que decidieron vivir antes de nacer, cuando eran tan solo almas incorpóreas.

»Pero también cada ser humano nace con un libre albedrío para hacer de su destino lo que quiera y llegar muchas veces a modificar su propio karma, "ley de causa y efecto", la cual consiste en que todo lo que hagan tarde o temprano generará sus consecuencias, sean estas positivas o negativas, debes tener presente que si siembras el bien y das amor, recibirás y cosecharás cosas buenas y mucho amor, o por el contrario, si siembras odio y maldad, recibirás odio y cosas malas; y así pasa con todo.

—Luz, ¿es por eso que hay niños que nacen sufriendo y teniendo que vivir en la pobreza, pasando muchas necesidades o enfermedades?

—Sí mi Juan, y quiero que recuerdes esta palabra "karma", de la cual te seguiré hablando.

—¿Y no sería como un castigo?

—No mi pequeño Juan, todo lo contrario, no podemos escapar de nuestras creaciones… todo lo que hacemos genera, tarde o temprano, sus propias consecuencias.

Yo me quedé sorprendido, le di las gracias a Luz y le pedí a Dios que nosotros fuésemos tan sabios como las gaviotas. Me quedé durante largos minutos pensando en todas esas palabras raras que Luz que me había dicho, pero sentía que le había captado el mensaje.

Al regresar a la casa, cuando llegó la noche, me vestí con mi mejor traje y nos sentamos a cenar con unos vecinos amigos; de pronto interrumpí la conversación y les pregunté a todos si sabían que eran eso llamado karma, ellos sorprendidos y riendo me dijeron:

—¿Cómo se come eso? —Nos reímos y compartimos hasta que nos dimos el feliz año nuevo y pasada la medianoche cada uno se fue a dormir.

Yo no tenía sueño y salí al patio para hablar con Yako y hacerle cariño. Le dije que quería que ese año fuese mejor para todos, que mis padres siguiesen unidos, que se acabaran las guerras que sucedían en otros países, que los niños del mundo tuviesen una casita como la mía, donde pudiesen comer y dormir y le dije muchas cosas más hasta que los dos, sin percatarnos, nos quedamos dormidos.

REGRESO A CLASES

En enero reinicié clases, mis compañeros y yo jugábamos con lo que nos había traído el Niño Jesús, algunos con juguetes caros y finos, otros con juguetes sencillitos, pero por lo menos todos teníamos algo con que jugar. A la semana siguiente me encontré con Carlitos, mi amiguito pobre, y después de saludarle, le pregunté:

—Carlitos, ¿qué te trajo el Niño Jesús?

—Nada Juan.

—¿Cómo que nada?

—Sí, nada, como siempre...

—¿Será que no te portaste bien?

—No, yo siempre me he portado bien y él nunca me ha traído ningún regalo...

Yo no quise seguir hablando del tema, le presté mi caballito de madera y los dos jugamos durante un largo, tanto que se me olvidó la hora del almuerzo y mis padres se preocuparon al ver que no llegaba a casa.

—¿Dónde estabas Juan David?

—Jugando papá. —Y no me preguntaron nada más.

Esa tarde después de jugar, fui a la batea en donde estaba mi mamá lavando y tendiendo la ropa, le pregunté:

—¿Mamá por qué el Niño Jesús les trae juguetes a unos niños y a otros no?

—Juancito, porque él le regala solos a los niños que se portan bien, que estudian y son buenos hijos.

—¡Sí! Pero mi amigo Carlos se porta bien, él no tiene cómo pagar sus estudios y no tiene a sus padres con él, y sin embargo, el Niños Jesús no le trajo nada. Mamá yo no entiendo... —Sumergido en mis pensamientos, me fui reflexivo, tratando de hallar respuestas a muchas preguntas. Creo que ese día quedé algo disgustado con el Niño Jesús.

Con el tiempo Carlos y yo llegamos a ser buenos amigos. Él tenía dos años más que yo, pero no los aparentaba porque era más pequeño y delgado. En las tardes íbamos a jugar con Yako y Papagayo, aunque al inicio él no entendía mucho mi amistad con ellos, al poco tiempo se hicieron amigos.

Llegó un momento en que la pasaba tan bien con ellos, que me escapaba de clases para ir a jugar, hasta el punto de llegar a mentirle a la maestra y mandarle a decir con un compañerito de clases que estaba de reposo, para no asistir a la escuela por unos días, pero tarde a o temprano las mentiras se descubren y pasó lo que tenía que pasar.

Llegaron las celebraciones de Semana Santa y fui con mis padres a la precesión de Ramos y para mi desgracia, nos encontramos con mi maestra:

—¡Buenas tardes! —le dijo a mi papá y ella contestó:

—¡Buenas tardes, un gusto verles! —Pero no puedo quedarse callada y me preguntó—: Juan David, ¿cómo sigues de tu enfermedad? —Yo quería que me tragase la tierra, estaba temblando de pánico y blanco como una tiza; en eso mi padre le comentó:

—¿Juan David enfermo? No maestra Belén, gracias a Dios nuestro hijo nunca ha estado enfermo. —Yo trataba de hacerle muecas a la maestra, pero ella seguía hablando.

—Me extraña señor Juan José, porque él lleva una semana que no ha asistido a clases y mandó a decir con uno de sus compañeritos de clase que estaba enfermo.

—Juan David, ¿eso es verdad?

Yo me quedé callado producto del miedo y mis padres se disculparon con la maestra Belén, quedaron en tener una reunión el lunes siguiente. Nos fuimos de regreso a la casa y en el camino no me atreví a abrir la boca, ellos tampoco preguntaron más. Mi padre solo me dijo que lo había decepcionado.

LA PÉRDIDA DE MI MEJOR AMIGO

Llegamos a la casa y cuando me dirigía al cuarto, mi padre me llamó con una voz que retumbaba en las paredes:

—¡Juan David, hazme el favor de venir!

—Sí papá.

Mi corazón latía a mil por hora, no sabía qué me iba a suceder; era la primera vez que algo así me pasaba.

—¿Por qué nos mentiste?

—Papá... —Y la voz se me cortó.

—Tu madre y yo te hemos dado confianza y nos has traicionado, ¿qué has estado haciendo todo este tiempo?

—Bueno papá, yo me iba a jugar con Yako, Papagayo y Carlitos.

—¿Quién es ese Carlitos?

—El niño a quien le regalé mi perinola, ¿recuerdas? Cuando fuimos a comprar los ingredientes que faltaban para la cena de fin de año.

—Desde hoy no verás más a ese niño, ni saldrás a jugar con Yako, ni con ese Papagayo, ¿entendido?

—Sí papá, entendido... —Me fui corriendo a llorar a mi cuarto y aunque me sentía mal, sabía que mi papá se sentía peor.

Mi papá fue a la escuela a hablar con la maestra y la directora, se comprometió a que yo iba a subir las calificaciones y que a partir de ese día no faltaría nunca más a clases.

Cada día iba de la casa a la escuela y de la escuela a la casa, estudiaba y estudiaba esperando el momento en que pudiera salir nuevamente a jugar con mis amigos, pero pasaban los días y no veía a Papagayo por ninguna parte. Lo buscaba en los cuartos, en el patio, en el jardín, por todos lados y nada que aparecía. Hasta que una tarde le pregunté a mi papá si lo había visto y me contestó:

—No sé nada y no vuelvas a preguntarme.

Definitivamente Yako era el único que me entendía, con el que podría expresar el amor y la tristeza que sentía por Papagayo. A la semana siguiente volví a preguntarle a mi papá por Papagayo y me contestó que nunca más lo volvería a ver.

Ese día sentí que me moría... no encontraba palabras para explicarle a mis padres que si me quitaban a Papagayo, con él se iban mis sueños de niño. No solo era quitarme un simple papagayo hecho de bambú, guaral y papel, sino que me estaban quitando a mi mejor amigo, el único que me entendía y con el que podía transportarme a un mundo diferente.

En mi mundo, los niños no sufrían y no existían diferencias raciales ni sociales, todo era amor y se hacían realidad todos los sueños. Con Papagayo lloraba, reía y le daba vida a lo que a muchas personas les parecía imposible. Pero quién podía entenderme, si quienes me rodeaban eran adultos y pensaban como tales...

UN GRAN CAMBIO EN MI VIDA

Me cansé de tanto buscarlo por todos lados y llegué a resignarme, pero no a darlo por muerto; sabía que en cualquier momento iba a aparecer de nuevo y los dos rescataríamos todo el tiempo perdido, sobre todo, iba a poder seguir aprendiendo de mis amigas las gaviotas.

Pero con el pasar de los meses fui perdiendo fuerzas y me dejé llevar por la realidad del día a día. Comencé a dedicarme en cuerpo y alma a los estudios para disminuir las ansias y la tristeza que llevaba por dentro por la pérdida de mi amigo. Me tracé nuevas metas, entre las cuales estaba graduarme de bachiller y luego estudiar Economía, para hacer realidad el sueño de mis padres.

Pasaron los meses y los años, llegué a ser del peor estudiante de mi salón al mejor estudiante del liceo y empecé a relacionarme con más compañeros, a quienes ayudaba en los ratos libre con los estudios, así me pasaba el tiempo más rápido y no pensaba tanto en mi amigo.

Llegó la etapa de la adolescencia y con ella comenzaron fuertes cambios, no solo físicamente, sino también en mi personalidad. No sabía qué me pasaba, porque mis padres nunca se sentaron a hablar conmigo de esta etapa tan importante, claro que en el liceo nos hablaron de sexualidad y puericultura, pero no es lo mismo escuchar mucha teoría, que aprender a través de las experiencias y consejos de otras personas, principalmente de nuestros padres.

No entiendo cómo a ellos, después de que nos han dado la vida y nos han educado en la infancia, les da miedo o pena hablarnos de sexo, cuando en realidad es algo tan normal, y lamentablemente se alejan así de sus hijos en esta etapa tan crucial. A los catorce años comencé a sentir la necesidad de tener una novia, pero fue solo finalizando el año escolar cuando conocí a María Elena, quien traía a todo el liceo de cabeza por su belleza.

Yo la había visto, pero nunca había tenido la oportunidad de mirarla tan cerca, hasta el día en que el director del liceo, en un acto académico, me invitó al pódium para entregarme el diploma como el mejor estudiante y fue ella quien me entregó el reconocimiento, sin duda alguna ella fue para mí el mejor regalo.

Cuando se acercó, mis piernas, que eran flacas como un par de palillos, comenzaron a temblar y por un instante pensé que me caería al suelo, pero gracias a Dios eso no sucedió. María Elena era de un año superior al mío, y como es costumbre en los liceos, los estudiantes de años superiores se relacionan poco, o no se relacionan con los de menor grado, por eso es que no éramos amigos. Para mi pesar era fin de curso y tenía que esperar al próximo año escolar para volver a verla y así fue.

Durante las vacaciones paseaba una que otra vez por el pueblo y trataba de hacerme amigo de algunos jóvenes que estudiaban con ella, para que me dieran referencias y lo que pude averiguar era que se había ido a otro pueblo cercano a pasar las vacaciones en casa de un familiar; así que tuve que resignarme y esperar a que iniciaran de nuevo las clases.

Pero a pesar de que María Elena no estaba en el pueblo, la llegada de las ferias me mantenía contento, porque cada año un grupo grande de compañeros del liceo no reuníamos para ir a las fiestas, donde estaban todas las muchachas de "La Soledad" y de otros pueblos cercanos.

El resto de las vacaciones lo dediqué a leer, escribir y jugar fútbol, algún cumpleaños y nada más. En mi pueblo no existía ni un cine para distraerse, solo algunos de mis amigos tenían televisor a colores y Betamax. Con el paso del tiempo, inventé un alfabeto para escribir libremente sobre el inmenso vacío que sentía desde la desaparición de mi amigo Papagayo y demás emociones que este duro suceso había causado en mí. Mis padres me preguntaban:

—Juan David, ¿qué tantos garabatos haces? —Yo me reía y les decía:

—Estoy escribiendo en chino.

A LA CONQUISTA

Al fin terminaron las vacaciones y comenzaron de nuevo las clases. Recuerdo que el primer día, hecho el tonto, paseaba por los pasillos del liceo, buscándola por todas partes y no lograba encontrarla por ningún lado.

Yo me decía: "¿Será que se retiró del liceo?, ¿se habrá mudado a otra ciudad? No, no, esto no me puede pasar a mí". El primer día no asistió a clases, ni el segundo; fue al tercer día cuando tuve la dicha de volver a verla.

Durante las vacaciones estuve ensayando un libreto completo de todo lo que iba a decirle cuando la tuviese enfrente. Pensaba en saludarla con un beso, pero creía que ella a lo mejor no me recordaría. Pensé en preguntarle qué había hecho durante las vacaciones, decirle que quedé impactado desde el primer día que la ví, y en fin, tantas cosas que cuando la tuve enfrente me comenzó un dolor de estómago inaguantable y ni siquiera la saludé. Ella se dio cuenta, pero nunca me dijo nada.

Esa tarde cuando llegué a la casa me sentía como un cobarde que, después de tanto tiempo esperando ese momento, no supo cómo actuar, hasta que de tanto reprocharme me dije a mí mismo: "Quédate tranquilo y no te amargues más, ya que es la primera vez que estás ante esta situación".

Así que decidí no ensayar más y dejar que las cosas fluyeran con naturalidad. Al día siguiente me la encontré en el pasillo y para mi sorpresa ella me habló antes de que yo abriera la boca:

—¿Cómo está el mejor estudiante del liceo?

—No mejor que tú. —Ella sonrió y yo me quedé pasmado ante la respuesta que le había dado.

Así comenzó nuestra amistad. Yo de vez en cuando la visitaba en su casa, le llevaba versos y poesías inventadas por mí, poco a poco me fui haciendo amigo de su grupo y como era de esperarse, congeniaba mejor con sus amigas que con sus amigos.

Ella era la chica más bella de todo el liceo, los compañeros estaban locos por ella o mejor dicho, todos estábamos locos, pero María Elena no tenía novio y no se le veía la mejor intención de tenerlo.

Pasaron los meses y el día menos pensando aceptó ser mi novia. Yo me sentía el rey del mundo a su lado y cuando salíamos a la calle quería que todo el pueblo me viera con ella. No podía esconder la alegría, pero al mismo tiempo sentía que algo me faltaba. No era que no tuviese momentos de felicidad, sino que tenía un vacío que no sabía cómo llenar.

María Elena era de tez morena, delgada, no muy alta, de labios gruesos y un pelo negro que movía para todos lados cuando caminaba. Ella estaba consciente de su hermosura, pero se hacía la que no lo sabía. Yo no era un galán de cine, pero era bastante simpático y las personas siempre querían estar a mi lado. Algunos compañeros, para echarnos broma, cuando nos veían juntos nos decían: "¿Qué cuentan la Bella y la Bestia?". Y cosas por el estilo.

ADIÓS YAKO

Un día cuando llegué del liceo me encontré con la noticia de que Yako había muerto, él era lo más fiel que tenía, pero estaba bastante viejito, no podía correr y jugar como antes. Su muerte me dolió mucho, era otro golpe a mi vida en un tiempo relativamente corto, pero, por otra parte, estaba tranquilo porque sabía que él no sufriría más.

Mi noviazgo con María Elena sirvió para quitarme un poco la tristeza que sentía por Yako, pero nunca le conté acerca de mi amigo Papagayo, por miedo a pensar que no me entendería. En más de una oportunidad estuve a punto de contarle todo. Ella me preguntaba por qué cuando estaba a su lado me desconectaba y mis ojos mostraban tristeza, yo le daba la vuelta y no le decía nada.

LOS QUINCE AÑOS DE MARÍA ELENA

Recuerdo que el día de sus quince años, salí a comprar un regalo, pero no sabía qué obsequiarle, tampoco tenía mucho dinero, así que tenía que ingeniármelas para conseguir algo con las tres "b", bueno, bonito y barato.

Uno definitivamente, a medida que va creciendo, se va volviendo un poco más complicado. Pensamos que cuanto más costoso sea el regalo, más le va a gustar a la persona y eso es una gran mentira. No hay nada más barato y hermoso que una flores, un poema, una muñeca y en fin, tantas cosas que uno no tiene en cuenta en esos momentos y que suelen ser los detalles que más le gustan a las mujeres.

Busqué y busqué por todos lados, no encontré nada que se me pareciera a ella y que estuviera acorde a mi bolsillo, así que fui a la floristería de la señora Nora y le pedí un gran favor; le dije que me vendiera un ramo bellísimo de rosas rojas y que yo le pagaría ayudándola en las tardes en la floristería. Y así fue...

Cuando llegué a la casa de María Elena, estaban los amigos del liceo, toda su familia y no sé si era que estaba tan nervioso que me pareció que solo faltaba el Párroco y el Alguacil. Sentía que estaba más rojo que las mismas rosas que llevaba en las manos. Todos los compañeros se voltearon a verme y con las mismas les dije:

—¿Qué?, ¿es que nunca han visto un ramo de rosas o me confundieron con la quinceañera?

Ellos se echaron a reír y sirvió para romper el hielo. En la sala estaba el señor Jesús y la señora Esperanza, la tía Consuelo y su hermana Silvia, quien gritó cuando vio el ramo:

—¡Qué belleza!

Luego ella tomó el ramo y lo puso en la mesa. Menos mal, porque ya las manos no me daban para más debido a los nervios. Saludé a todos los invitados y nada que salía María Elena. Como a la media hora se abrió la puerta que daba hacia los cuartos y salió la dueña de mi corazón. Estaba más bella que nunca y sentí que a todos se les salían los ojos... la abracé y le dije al oído:

—Feliz cumpleaños mi reina. —Luego le entregué un regalito que le habían enviado mis padres, la llevé a la mesa para que viera el ramo y le encantó.

Saludé a todos los invitados y al rato pusieron música para bailar el Vals. Yo dije hacia mis adentros: "Juan estás muerto". Y era verdad, de esa si no podía escaparme. Los invitados hicieron un círculo y comenzó a sonar la música. María Elena primero bailó con el señor Jesús, luego con su hermano Omar y después conmigo. Juro que en mi vida había bailado semejante cosa.

Yo no sabía hacia donde mover las piernas y mis amigos estaban muertos de risa al ver que casi acabo con sus zapatos nuevos. Al cabo de unos minutos, que para mi fueron una eternidad, llegó un vecino y me reemplazó, salvándome no solo a mí, sino también a ella.

La fiesta estuvo de lo mejor y celebramos hasta pasada la medianoche, compartiendo y riendo con todos los amigos.

HASTA PRONTO MI SOLEDAD

A los meses presenté un examen para optar por una beca y así estudiar en una de las principales universidades de la capital, que tenía fama de ser la mejor en Economía.

A mí no me convencía mucho la idea de estudiar en una universidad privada, pero si estudiaba en la del estado iba a perder mucho tiempo, debido a que siempre estaba en huelga.

A los dos meses, para ser más exacto, llegó un sobre con la noticia de que había salido electo y que la beca era mía. Mi papá me exclamó:

—¡Juan David, al fin vas a hacer realidad mi sueño!

Y definitivamente era su sueño, ya que el mío era estudiar Medicina, aunque la Carrera de Economía no me disgustaba. Yo solo pensaba en María Elena y en la cara que iba a poner cuando le diera la noticia. Salí de la casa para ir a buscarla y cuando me vio, como si fuera adivina, me dijo:

—¡Saliste electo!

_¡Sí! —Nos miramos a los ojos sintiendo lo que esto podría significar y entonces nos pusimos a llorar un largo rato, claro que faltaba tiempo para irme, pero era una realidad que no podíamos esconder.

—¿Te vas Juan David?

—Sí, es el sueño de mis padres.

—¿Y el tuyo?.

—No lo sé, pero creo que es una oportunidad que no debo desperdiciar y que vale la pena vivir; es más, tú sabes que siempre he querido estudiar en Caracas.

UNA NUEVA VIDA

Terminó el año escolar y llegó el momento en que el que tenía que abandonar "La Soledad", a mi gente, mis padres, a María Elena y sobre todo, dejar atrás la posibilidad de encontrar a Papagayo algún día, pues su recuerdo aún estaba vivo y todos los días, cuando paseaba por las calles que juntos habíamos recorrido y contemplaba los atardeceres y los paisajes que tantas veces vimos juntos, no podía evitar con nostalgia enternecerme.

Mi mamá contactó a una pariente lejana que vivía en Caracas y ella aceptó que yo fuese a vivir durante un tiempo a su casa, mientras conseguía una residencia a donde mudarme. Tome el autobús que me llevaría a la capital y recuerdo que la despedida fue horrible, le juré a María Elena que volvería pronto y ella me dijo que me iba a querer siempre. Me subí a ese perol que casi no rodaba, cuyos asientos estaban sucios y en donde la gente no podía sentarse cómodamente.

Debido a la cantidad de paradas, el autobús tardó diez horas en llegar a mi destino. Después de tanto esperar, llegué finalmente a esa enorme selva de cemento llamada Caracas, que en comparación con "La Soledad" asustaba a cualquiera.

La última parada fue en la terminal del Nuevo Circo, que haciendo honor a su nombre era realmente un circo. Enseguida me sentí como cucaracha en baile de gallinas. Los choferes gritaban anunciado las salidas y los destinos, los vendedores ambulantes caían encima de las personas, ofreciéndoles desde crema para la cara, hasta empanadas refritas. Era un espectáculo digno de observarse, pero como televidente, no como pasajero.

Yo iba de un lado a otro sin saber dónde podía ubicar un transporte que me llevara a lo que sería mi nuevo hogar.

Le pregunté a un señor dónde podría tomar la buseta con destino a "La Pastora" y él, amablemente, me señaló hacia una de ellas. Subí algo nervioso y le pedí al chofer que me dejara en la plaza principal.

Eran casi las seis de la tarde y en el camino me quedaba como loco, viendo el movimiento de la gran ciudad; tanta gente, tantos carros, pero lo que más me impresionó, aunque ya había visto fotos, fue el Ávila. Esa montaña tan bella e imponente que sirve de protección a todo el valle de la ciudad de Caracas. Yo nunca había visto algo tan impresionante como esa montaña. Definitivamente Caracas era una ciudad acelerada, pero hermosa y con clima único.

LA CÁRCEL

Me bajé de la buseta y después de dar varias vueltas, di con la dirección de la señora Cleotilde y el señor Romero. Nunca se me olvidará el número de esa casa: 179 de San Rafael a Alcantarilla. Toqué la puerta hasta cinco veces y nadie salió a abrirme. Me senté en la acera a esperar a los señores y cuando ya me había dado por vencido, se abrió la puerta y salió un fósil con voz de ultratumba que me dijo:

—¿Quieres tumbar la puerta?, ¿es que acaso piensas que yo no tengo oídos?

—Buenas tardes, ¿usted es la señora Cleotilde?

—¿Acaso ves otra señora en la casa?

Respiré y me presenté como el hijo de la señora Julia y el señor Juan José, sin más palabras me llevó a lo que sería mi "celda" durante varios meses. De inmediato me dio el sermón más largo que he escuchado en toda mi vida.

—Ya sabes jovencito, la hora de la cena es …, la hora de llegada es…, no puedes usar el teléfono para llamar y si te llaman no puedes hablar largo rato porque nos pueden llamar de emergencia. ¡Ah! Y tampoco puedes recibir visitas. Recuerda que esta es una casa de personas decentes.

—Querrá decir cárcel…

—¿Qué dijo jovencito?

—¡Qué muchas gracias! —Cuando pensé que ya había terminado con la cuartilla, se devolvió y me dijo:

—Por cierto, la luz no puede estar prendida después de las diez de la noche.

Sabía que si quería seguir vivo, tenía que buscar una residencia lo más pronto posible. Esa noche desempaqué las pocas cosas que traía en la maleta y me quedé dormido de inmediato debido a lo cansado que estaba producto del viaje.

Al día siguiente fui a la universidad y quedé impactado al ver sus inmensos jardines. Era un palacio al lado de lo que fue mi liceo. Lo primero que hice fue reportarme con el director de la facultad, me hicieron entrega del horario y fui a conocer todas las facultades.

A la semana siguiente comencé las clases y recuerdo que el primer día la gente me veía como si fuese un extraterrestre, sin duda alguna mi forma de vestir y mi manera de hablar era totalmente diferente a las de ellos.

Yo era algo tímido, pero pronto me vi en la necesidad de tener nuevos amigos y poco a poco fui conversando con los compañeros de clase. Ellos se reían de mi manera de hablar y yo no podía evitar hacer lo mismo, aunque con algo de vergüenza para que no fuesen a pensar que me estaba burlando.

Esos primeros días en Caracas fueron bastante difíciles, ya que nunca había salido de mi casa a vivir a otra ciudad. No conocía a nadie, no tenía con quién hablar de mis cosas y solo me sirvieron los consejos de mi padre, quien siempre me decía: "Juan David, nunca le des importancia a las cosas materiales, preocúpate por crecer como hombre y ten presente que lo más importante en esta vida no se compra con dinero".

Eso fue lo que me dio fuerzas para no acomplejarme y sentirme menos que mis amigos de la universidad, pronto entendí que tenía que adaptarme rápidamente al ritmo de vida de la capital.

Los primeros meses hablaba muy seguido con María Elena y con mis padres, de verdad que los extrañaba mucho, pero poco a poco me fui metiendo de lleno en los estudios y con el paso de los meses ya no llamaba tan seguido.

Yo era bastante curioso, la mayor parte del tiempo estaba preguntando y asimilando todo lo que escuchaba. También me quedaba impactado de ver tantos jóvenes sumergidos en el mundo de las drogas y el alcohol. Creo que en gran parte se debía a la falta de comunicación con sus padres y la crianza que recibieron. Esto me hacía valorar mucho más la educación recibida en casa.

MI TERCERA GRAN PÉRDIDA

Una noche mientras dormía sonó el teléfono y me desperté asustado, sintiendo de inmediato que esa llamada era para mí y con una mala noticia, y así fue.

La señora Cleotilde tocó la puerta de la habitación y salí corriendo a atender la llamada. Del otro lado del teléfono escuchaba la voz de mi madre llorando y no lograba entender lo que me decía.

—¡Cálmate mamá y dime por favor qué fue lo que sucedió…!

—Hijo, tu padre murió. —Y siguió llorando desconsoladamente.

—Tranquila mamá, ten mucha fuerza y trata de no preocuparte, que yo mañana salgo en el primer autobús para "La Soledad".

Esa noche no puede dormir recordando con tristeza tantos momentos que compartí con mi padre y me senté en la cama a pensar en todo lo que él me había enseñado en mis años de vida. Su muerte representaba mi tercera gran pérdida.

Definitivamente, la vida está llena de encuentros y despedidas y nos cueste o no, tenemos que aceptar que la vida y la muerte están estrechamente ligadas, pero cuando se vive en carne propia la pérdida de un ser amado es bastante difícil aceptar esa separación, debido a lo que hemos aprendido desde niños acerca de la muerte.

Yo comparto la opinión de muchas personas que creen que la vida es parte de un largo ciclo, en el que nacemos y morimos varias veces, hasta que alcanzamos un grado determinado de purificación y evolución. Creo que si el día pasa a noche y la noche a día, así debe cumplirse la vida y la muerte.

Pero el problema está en que muchas personas justifican sus acciones o asumen ciertas posturas un tanto cómodas o resignadas en sus vidas debido a la creencia en la reencarnación y lo que realmente importa no es si existimos en un pasado o que vamos a existir nuevamente en otras vidas; lo que realmente tiene relevancia es que le demos sentido a esta vida que es la que estamos viviendo, sin pensar tanto en el pasado y aprovechando todo lo que nos puede aportar el hoy, el ahora, el presente...

Llegué a "La Soledad" y de inmediato me hice cargo de todo lo referente al sepelio de mi padre, aproveché para quedarme unos días haciéndole compañía a mi mamá, compartiendo con María Elena y descansando del ritmo de vida acelerado que estaba llevando en la capital.

Cuando me reencontré con María Elena sentí de inmediato que algo había cambiado en mí y a los días de estar compartiendo los dos decidimos dejar nuestro noviazgo como una gran amistad, ya que cada vez era más difícil nuestra comunicación y la distancia había enfriado nuestra relación.

Ella lo asumió con mucha tranquilidad y no se separó de mí durante esos días, consolándome y compartiendo como los mejores amigos.

MI PRIMER TRABAJO

De regreso a Caracas continué con mis estudios y mantuve mayor contacto telefónico con mi madre para que sintiera de alguna forma mi presencia. Después de la muerte de mi padre sentí que algo había cambiado radicalmente dentro de mí, sobre todo en mi manera de relacionarle con las demás personas. Creo que mis sentimientos y emociones comenzaban a enfriarse.

En el salón de clases, delante de mi puesto se sentaba un muchacho llamado Enrique, de quien me hice amigo al poco tiempo de haber empezado las clases y fue él quien me consiguió el trabajo de mesero en uno de los restaurantes más reconocidos de la ciudad.

Los primeros días como mesero fueron un desastre; no sabía cómo llevar las bandejas pesadas a las mesas y en más de una ocasión se me cayó lo que llevaba encima de alguna de persona o en el suelo, pero a los meses me convertí en todo un experto y los clientes me tomaron bastante cariño. A diferencia de otros compañeros del trabajo yo siempre me llevaba las mejores propinas y ellos me decían:

—Juan David, ¿qué les haces tú a los clientes?

—Simplemente los atiendo bien y los trato con cariño; creo que no hay nada más fácil que ganarse una buena propina, aunque existen clientes que a veces provoca ahorcarlos, pero es parte del negocio y como dice el jefe: "El cliente siempre tiene la razón".

En mis ratos libres me dedicaba a escribir poesías y todas las emociones que sentía. A veces me entristecía por lo que había dejado en mi pueblo, pero sobre todo pensaba en mi feliz niñez junto a Papagayo.

Cierto que también me divertí jugando con el equipo de fútbol de la universidad y de vez en cuando subía al "Ávila" con Enrique, lo que nos servía para hacer ejercicio y contemplar desde arriba ese bello paisaje.

Sin percatarme, al poco tiempo ya era amigo de casi todos los estudiantes de la facultad, quienes me llamaban cariñosamente "El Campesino". Con el dinero que ganaba aproveché también para actualizar un poco mi vestuario y salir a conocer la ciudad con una que otra amiga de la universidad.

AL FIN EN LIBERTAD

Con mi nuevo trabajo empecé a ahorrar, hasta que llegó el gran día de poder mudarme. Hablé con el fósil y el señor Romero, que a pesar de ser un títere de su esposa, era un buen hombre y les di las gracias por haberme recibido en su casa. Antes de despedirme les dejé un regalo, un libro que llevaba por título *Nunca es tarde para ser felices*, el cual no había leído, pero era ideal para ellos.

Esos señores eran muestra perfecta de personas adultas y resentidas con la vida que habían olvidado al niño que una vez fueron. Creo que por más que la vida nos ponga pruebas difíciles, no podemos dejar de sonreír y brindarle amor a los seres humanos que nos rodean.

La residencia que conseguí para vivir quedaba cerca de mi trabajo y para mi suerte cerca de la universidad. Enrique me ayudó con toda la mudanza y así llegué a mi nuevo hogar. Allí compartía habitación con Héctor, un muchacho alto y fuerte como un gladiador y con cara de pocos amigos.

Los primeros días fueron algo difíciles porque él estaba acostumbrado a estar solo en la habitación y sentía que yo le estaba quitando su privacidad. Yo trataba de hablarle y aunque no me respondía de buena manera, sabía que terminaríamos siendo buenos amigos y así sucedió.

Empezamos a prestarnos materiales de estudio, libros, ropa y sin darnos cuenta al poco tiempo éramos grandes amigos. Él era el segundo amigo que tenía en Caracas después de Enrique, por supuesto que conocía a muchas personas, pero solo eran conocidos.

Héctor trataba de esconder con su cara de amargura a un muchacho alegre lleno de inocencia. Yo salía mucho con él y su novia Roxana. Algunas veces íbamos al cine a conocer la vida nocturna de la ciudad y fueron ellos los que me ubicaron rápidamente en la gran Caracas. Héctor me decía:

—Tienes que ponerte las pilas, porque si no te llevan por delante.

También me fue dando consejos sobre cómo actuar en diversas situaciones, con quién debía juntarme o no en la universidad, ya que él conocía a muchos estudiantes de mi facultad y sabía que yo era muy ingenuo.

Héctor estudiaba medicina y una que otra vez nos reuníamos en el cafetín de Comunicación Social que estaba en medio de las dos facultades.

Él tenía unos sentimientos bellísimos, los cuales solía esconder mostrando una imagen diferente de sí mismo, debido a los golpes que había recibido en su niñez y creo que fueron esas experiencias las que lo hicieron convertirse en adulto a temprana edad.

CONFESIONES...

Héctor y yo hablábamos de lo que había sido mi infancia y yo le conté de mi pueblo, de María Elena y el día que me atrevía a contarle acerca de Papagayo, se rio tanto que nos mandaron a callar de las otras habitaciones.

—Juan, si le cuentas esto a alguien van a decir que estás loco.

—Es verdad Héctor. Él era mi mejor amigo, a su lado compartí los mejores momentos de mi vida y me sentí el niño más feliz del mundo.

—¿Y qué pasó con tu amigote?

—No te burles.

—Está bien, no me voy a burlar.

—Después de que mi papá se enteró que me había jubilado de la escuela por ir a jugar con él, me lo quitó y no volví a verlo nunca más. Desde ese día me fui aferrando a los estudios, a María Elena y a tantas cosas que juntas no podían llenar ese vacío que había dejado la pérdida de mi gran amigo; claro, no puedo negarte que he tenido momentos de alegría, pero no como antes. Yo no conocía de amarguras, de envidias, de miedos y no había palpado todo lo malo que el mismo hombre ha creado para nuestras vidas y cuando él desapareció creo que se llevó lo mejor que había en mí.

—¿Y a quién más le has contado de Papagayo?

—A nadie, solo a tú sabes mi historia.

—¿Y por qué no le contaste a María Elena y a mí si me contaste?

—Porque veo en ti a un niño escondido que de pronto desapareció e hizo que te convirtieras en adulto.

—Bueno Juan, como tú me has contado de tu infancia, yo te voy a contar un poco de lo que fue la mía. Yo también fui un niño feliz, tenía muchos amiguitos y vivía en una casa grande con mis padres, mis abuelos y mi hermano Francisco, que es menor que yo, pero solo dos años. Mi padre comenzó a refugiarse en el alcohol y lo poco que ganaba lo gastaba tomando con mujeres, mientras nosotros en la casa atravesábamos una situación económica muy difícil. Un día mi madre le descubrió que tenía otra mujer y cuando llegó de madrugada borracho, lo botó con todas sus cosas para la calle. Él se fue de la casa a vivir a otra ciudad y con el tiempo se olvidó que una vez en su vida tuvo una familia y unos hijos pequeños que atender. Yo tenía para ese entonces doce años de edad.

—¿Qué fue de tu padre?

—No sé Juan David, me enteré que tiene otra familia y realmente no quise saber más de él. Yo tuve que convertirme en hombre de la noche a la mañana, asumiendo lo que no me correspondía, trabajando para ayudar a la casa, pagar mis estudios y los de mi hermano Francisco. Nunca he entendido cómo existen padres que traen niños al mundo y luego los abandonan, haciendo que estos carguen con problemas y responsabilidades sin ellos tener la culpa. Así fue Juan David como dejé de ser niño y pasé a convertirme en adulto, en un hombre serio como tú me dices y fui dejando de creer en los seres humanos, pero ¿sabes algo? Todavía cuando estoy a solas juego y pienso como un niño.

Yo le dije a Héctor que no se sintiera mal, porque aunque yo tuve unos padres maravillosos y un hogar feliz, sabía lo que era dejar de ser niño sin uno quererlo. Así pasaban los días y los dos llegamos a ser los mejores amigos del mundo. Recuerdo una noche que salimos de una fiesta de la universidad y Héctor me dijo delante de Roxana:

—Sabes Juan, eres mi único amigo y te quiero mucho.

—Tu también eres mi mejor amigo. —No tuve más palabras que decir. Nunca pensé que él llegara a expresar libremente lo que sentía en tan corto tiempo.

En la noche nos sentábamos a estudiar y hablar de nuestro pasado, de nuestros sueños y de lo que cada quien creía de la vida, escuchábamos música y nuestros gustos eran muy parecidos. Yo a veces quería decirle a Héctor cuánto lo quería, no salían las palabras para hacerlo y sé que a él también le pasaba lo mismo.

Es triste ver cómo a algunos hombres nos cuesta expresar amor, debido a los falsos valores de la sociedad que nos han inculcado desde niños. Nos dicen que si un hombre le dice a otro que lo quiere o lo abraza se ve mal, mucho menos darle un beso de cariño y en fin tantas estupideces que traen como consecuencia que las relaciones entre los hombres sean en su mayoría frías y distantes.

Es doloroso ver cuando a alguien se le muere un amigo y cómo esa persona le dice lo que nunca le dijo en vida. Héctor y yo poco a poco fuimos aprendiendo que los hombres también lloramos, amamos y sentimos la necesidad de saber cuánto los quiere un amigo. Yo estoy convencido que no hay cosa en el mundo más grande que la amistad, en cualquier tipo de relación interpersonal, noviazgo, matrimonio, o inclusive entre hermanos.

Yo había conocido a muchas personas, pero solo la amistad de Héctor y Papagayo me habían marcado y con ellos sentía que era yo mismo. Los dos hablábamos de cómo podíamos cambiar positivamente el mundo que nos rodeaba.

Nos costaba aceptar tanta maldad, tanta envidia, tanta competencia desleal a la que tienen que someterse los seres humanos en cualquier tipo de sociedad. Una noche mientras estudiábamos en la habitación le comenté a Héctor:

—¿No te parece absurdo e ilógico que los seres humanos estén cada vez más desconectados? Cuando vas por la calle la gente no da las gracias, ni da los buenos días, se han perdido los buenos modales, y cada día veo más personas encerradas en su propio mundo, pegado a un teléfono móvil sin hacer contacto visual con las personas cercanas.

—Sí, tienes razón Juan David.

—Es que si te pones a analizar, las estadísticas no siempre tienen la verdad; cuantos más seres humanos existen y nacen en nuestro planeta, más solos estamos; todo se ha computarizado y hemos sido sustituidos por máquinas que, aunque son más rápidas, no pueden expresar y sentir como un ser humano, siendo solo eso, máquinas.

Al tiempo de haber estado viviendo en la residencia, decidí mudarme con Héctor a un apartamento alquilado bastante céntrico y así cada quien podría tener su propia habitación y mayor privacidad. Algunos fines de semana nos reuníamos en el apartamento con Roxana y con alguna amiga, cenábamos, jugábamos o alquilábamos películas.

MI PROPIO AISLAMIENTO

Me fui alejando poco a poco del pasado, de mi pueblo y solo tenía contacto telefónicamente con mi mamá y por lo menos una vez al año la invitaba a pasarse unos días conmigo en Caracas.

La vida en la ciudad comenzaba a amarrarme y sin darme cuenta cada vez tenía más responsabilidades y menos tiempo para compartir con mis amigos de la universidad, incluyendo a Héctor y a Roxana.

Al tiempo de estar viviendo en el apartamento, Héctor se graduó y comenzó a trabajar en unos de los principales hospitales de la ciudad. Una vez establecido en su nuevo trabajo, le propuso matrimonio a Roxana, con quien ya tenía varios años de noviazgo.

Se pueden imaginar quién fue el padrino de la boda. Yo estaba bastante emocionado; era la primera vez que me escogían de padrino y creo que estaba más asustado que el mismo novio, pero feliz de que ellos se casaran, ya que eran mis mejores amigos y yo había sido testigo del amor que se tenían, aunque él era poco expresivo y Roxana a veces dudaba de lo que él sentía por ella.

La boda de ellos me sirvió para reflexionar acerca de lo que había sido mi vida hasta ese momento, sobre todo mi vida sentimental que era bastante inestable desde que había llegado a Caracas. Salía con muchas amigas, pero trataba de involucrarme lo menos posible en una relación formal.

Sabía que tarde o temprano me iba a llegar el momento, pero me daba pavor perder mi libertad y asumir otra responsabilidad. Me preguntaba cómo sería mi esposa el día de mañana, ¿cuál sería su nombre? Y me hacía muchas preguntas en torno a esa mujer que sabía que llegaría a mi vida para quedarse y formar un hogar.

Héctor se mudó del departamento y se fue a vivir con Roxana a una casa que quedaba un poco distante de donde yo vivía, debido a nuestras múltiples ocupaciones nos fuimos alejando y ya no compartíamos como antes.

Yo estaba trabajando en una empresa privada y me iba muy bien, sabía que al graduarme me promoverían a otro departamento donde podía ejercer mi profesión y con mejores beneficios. El presidente de la empresa me tenía mucho aprecio y sabía que yo era una personas honesta y trabajadora.

HUYENDO DE LA REALIDAD

Me refugié tanto en el trabajo que llegó un momento en que me alejé de todas las personas que amaba y solo compartía con los compañeros de la oficina, y eso, porque no me quedaba otra salida. Sin darme cuenta me estaba convirtiendo en ese tipo de persona a la que tanto había criticado en la infancia y en la juventud; realmente estaba robotizado, pero no quería reconocerlo.

Después de muchos sacrificios me gradué y fue un día inolvidable. Mi madre vino para el acto y pude percibir en ella el duro paso de los años y luego nos fuimos a almorzar. Mientras comíamos recordábamos viejos tiempos entre alegría y nostalgia. Era la primera vez que me sentaba a hablar con mi mamá como amigo y adultos.

Pasaron los años y llegué a ser un economista reconocido, que no tenía tiempo para nada, ni siquiera para el amor, solo me dedicaba a ahorrar y a adquirir bienes. Ya no pensaba en mi pueblo, ni soñaba como antes, no compartía con nadie, sino que salía de la casa al trabajo y del trabajo a la casa, tenía más de un año que no veía a mis amigos y solo nos hablábamos una que otra que vez. Realmente estaba metido en un profundo hueco. Una tarde recibí una llamada de Héctor en la oficina:

—¡Hola! Hombre ocupado.

—¡Hola amigo mío —respondí.

—Necesito que nos veamos lo antes posible.

—¿Pasó algo?

—Creo que sí, pero todavía existe solución al problema.

—Está bien, nos vemos en el bar de antes, hoy a las nueve y media de la noche. —Hora en la que acostumbraba a salir de la oficina.

Colgué el teléfono y me quedé el resto de la tarde pensando acerca de la llamada de Héctor y qué sería eso tan urgente que tenía que decirme.

A las nueve y cuarenta y cinco minutos de la noche llegué al bar, me senté en la barra y me quedé esperando a que llegara mi mejor amigo, aquel con el que había compartido no solo el cuarto de una residencia, sino grandes cosas de mi vida. A los pocos minutos estaba Héctor frente a mí, nos dimos un fuerte abrazo y nos reímos sin motivo alguno; luego me dijo:

—Estás gordo y viejo.

—Gordo te lo acepto, pero viejo todavía no.

Nos reímos y nos sentamos a conversar. Le pregunté por Roxana y su vida matrimonial, así estuvimos un rato hablando y recordando viejos tiempos. Pasados unos minutos Héctor interrumpió la conversación:

—Juan David, tú sabes cuánto te quiero y porque te quiero es que te cité hoy aquí para hablar de algo que me preocupa mucho.

—¿Y qué será eso que tanto te preocupa?

—Tú. —Yo me quedé en absoluto silencio y desconcertado.

—¿Yo? Bueno, tú me dirás.

—Juan David, te conozco desde hace muchos años y últimamente, aunque no te he visto en persona, te he sentido muy aislado, metido en tu propio mundo y convertido en un capitalista amargado... que ya no ríe y sueña como antes. ¿A qué le estás rehuyendo?

—Yo, a nada.

—Sí, ¡tú! Sincérate contigo mismo, te has metido tanto en tu trabajo que nos has dejado tiempo para ti, para el amor, para compartir con tus amigos y sentirte que estás vivo. Yo hace un tiempo atrás también pasé por una situación similar y gracias a Roxana pude percatarme de mi situación. Por eso es que vine a decirte que te acuerdes de ese Juan David que luchaba por otros ideales, que fue en otra época el niño más feliz del mundo y que de joven criticaba a los adultos por ser como son y tú te has convertido en uno más de ellos. —Yo rompí en llanto y no me importó que estuviese en un lugar público y que la gente me pudiese ver.

—Tienes razón hermano, lo que pasa es que siento que nada me hace totalmente feliz y he buscado la excusa del trabajo para aislarme del mundo que me rodea. Sé que no he querido asumir la realidad de las cosas y sin darme cuenta he caído en un hueco, del cual tengo que salir si quiero volver a ser el mismo Juan David de antes. Héctor tú sabes todas las cosas por las que he pasado en la vida y ahora me siento sin fuerzas, pero sé que tengo que recuperarme y darle gracias a Dios por todo lo que me ha dado.

—Tú sabes Juan David que yo vivía con muchos rencores por dentro, tenía mucho odio hacia mi padre y hacia muchas otras personas, que a pesar de mi corta edad, me habían hecho mucho daño; y sin darme cuenta estaba haciendo sufrir a Roxana y a todas las personas que me rodeaban con todos mis miedos y problemas. Hasta que un día asistí a una charla que daba un señor llamado Carlos, quien hoy es un gran amigo y me enseñó que para poder ser feliz en la vida tenía que perdonar y perdonarme a mi mismo, dejando fluir ese amor que todos llevamos dentro. Reconozco que fue difícil, pero poco a poco comencé a notar en mí un gran cambio y sin darme cuenta había cerrado ciclos importantes con muchas personas. Ahora puedo decirte que ya no soy ese hombre serio y con cara de pocos amigos como tú me decías antes. Juan, nunca es tarde para comenzar, te lo digo yo que no creía en todas estas cosas y era una persona bastante cerrada e incrédula.

Estuvimos un rato más en el bar y a la hora Héctor se fue porque estaba cansado, no sin antes darnos un gran abrazo. Le di las gracias por el consejo y me quedé un tiempo más en el bar pensando en lo que me había dicho una persona que sí me conocía y me quería con sinceridad.

Era cierto que tenía que perdonar a muchas personas y sobre todo a mí mismo, dejar de una vez por todas de culpar a los demás y a la suerte de lo que había sido mi vida. En los últimos años solo había estado enfocado en producir dinero y estudiar. Había dejado todas las cosas que años atrás me hacían sentir bien y esa misma noche me propuse cambiar, aunque sabía que ese cambio no sería tan fácil.

Durante muchos años estuve resentido con la vida y solo era una veleta que iba hacia donde me llevaran, sin detenerme a pensar qué era lo que realmente quería hacer y vivir; pero nos cuesta aceptar nuestros errores y siempre buscamos las excusas perfectas para no asumir nuestras responsabilidades con la vida. Tenía que ser más humilde y aprender a agachar la cabeza cuando fuese necesario y no sentir que siempre tenía la razón.

Al día siguiente salí del trabajo como cualquier mortal a las seis de la tarde, me fui a uno de los mejores gimnasios a inscribirme y comenzar a hacer ejercicios, liberar un poco el estrés y dedicarme tiempo. Me interesé por otro tipo de lectura que llenará más mi espíritu y poco a poco mi vida fue tomando otro rumbo.

En el trabajo mis compañeros que siempre me veían trabajar hasta altas horas de la noche se quedaban sorprendidos de mi cambio. Descubrí al poco tiempo que no hace falta trabajar catorce horas al día para ser más eficiente. Trabajando ocho horas, pero bien trabajadas y se logran los mismos objetivos, quedando tiempo para despejarse y vivir un poquito este regalo que nos dieron llamado vida, que se va tan rápido.

KAREN, MI NUEVO AMOR

A los dos meses de estar asistiendo al gimnasio tuve la dicha de conocer a Karen, de quien me enamoré desde el primer día. Ella era una mujer dulce, alegre y muy atractiva, de cabello color castaño, ojos color miel, un cuerpo escultural y aunque no me fijé en ella solo por su físico, no puedo negar que quedé impactado cuando la vi. Karen era profesora de arte de la Universidad Central, en sus ratos libres asistía al gimnasio y a clases de danza, además era una gran bailarina.

Nos hicimos muy buenos amigos y para mi fortuna estaba soltera. Al poco tiempo de conocernos me invitó a una presentación de la escuela de danza, en la cual ella era la figura principal del acto y a la que accedí de inmediato, que contara con mi presencia.

Llegué al teatro y dejé en el auto nuevo, que había adquirido con mis ahorros, una flor que había comprado para dársela una vez terminada la función. Me ubiqué en uno de los mejores puestos y disfruté de la magia de sus movimientos, de la versatilidad con que los bailarines pueden expresar sentimientos con sus gestos y sus cuerpos.

La función terminó y el teatro se vino abajo en aplausos. De inmediato salí corriendo para tratar de pasar al camerino, pero fue imposible debido a la aglomeración de personas y tuve que esperar a que saliera todo el público. Regresé a los minutos y toqué la puerta del camerino principal y cuando se abrió ella estaba allí, frente a mí, radiante, con su hermosa sonrisa. No hice otra cosa que lanzarme sobre ella y abrazarla con fuerza, luego la besé en sus labios sin medir las consecuencias.

Así comenzamos una hermosa relación en la cual compartíamos momentos únicos, cuando no viajaba con la empresa íbamos a la playa, al cine, leíamos y le dedicaba a ella todo el tiempo que podía, que no era mucho, pero lo vivíamos intensamente. Las primeras personas en conocer a Karen fueron Héctor y Roxana, de inmediato se hicieron excelentes amigos.

Recuerdo que a los pocos días de haber empezado nuestras relación, yo estaba de cumpleaños y Karen me regaló un disco de música clásica, que estaba buscando por todas las discotiendas y no lo conseguía. El disco tenía mi tema preferido "Variaciones sobre un tema de Paganini" Nro.18, de Rachmaninoff, que siempre he escuchado cuando necesito relajarme y sentirme pleno.

Al año y medio de nuestra relación, reaparecieron otra vez mis miedos y comencé a sentir esa sensación de soledad que llevaba conmigo desde niño y sin percatarme nuevamente me refugié en el trabajo.

Karen no entendía qué me estaba pasado y reconozco que la hice sufrir mucho con mi indiferencia. No era que no la amase, sino que sentía el mismo vacío interno de siempre. Yo la amaba, pero como hacen muchos hombre, no se lo demostraba, ella se sentía insegura y triste por mi cambio.

Un día, al ver que la estaba perdiendo, le planteé la posibilidad de irnos a Boston a estudiar; yo a hacer un posgrado y ella, a cualquier curso de danza o de arte que quisiera hacer; y sin mucho rodeo me dijo que sí. Para mí esa decisión representaba un cambio muy drástico, así que recurrí a los consejos de Héctor y Roxana, quienes me motivaron con ese nuevo cambio de vida.

A los días llamé a mi mamá y le comuniqué mi decisión, ella me dijo que estaba de acuerdo y que viajaría a Caracas para despedirse, ya que sabía que por mis múltiples ocupaciones me sería muy difícil ir a mi pueblo. Yo llevaba varios años sin ir a "La Soledad", desde que murió mi padre no había regresado, era mi madre la que siempre viajaba a visitarme y se quedaba unos días conmigo en el apartamento.

BOSTON, OTRO MUNDO

Llegamos a Boston después de muchas horas de vuelo y transbordo de aviones. Nos ubicamos en el apartamento en donde compartiría con Karen por primera vez un mismo techo. Sabía que tenía que poner de mi parte porque convivir no es nada fácil y más cuando has pasado tanto tiempo viviendo solo.

Los estudios eran muy exigentes y no quedaba tiempo para nada, lo único que tenía a mi favor era que Karen y yo dormíamos en la misma cama y teníamos que vernos quisiéramos o no. Yo salía tarde de la universidad, tenía poco tiempo para perfeccionar el idioma y comenzar de lleno con el postgrado.

Durante los seis primeros meses conocimos gran parte del norte de los Estados Unidos y Canadá, pero luego el tiempo no me alcanzaba para nada y me fui metiendo poco a poco en mi mundo, volcándome hacia los estudios y sin fijar otras metas.

Karen fue sintiendo el cambio en mi actitud y sin decirme nada se fue refugiando en su grupo de amigos latinos, que hizo en uno de sus cursos, y sin darnos cuenta cada quien estaba por su lado. Como dice el poeta español Espronceda: "Sin el amor que encanta, la soledad de un ermitaño espanta, pero es más espantosa todavía, la soledad de dos en compañía".

Pero todo en esta vida tiene un límite y ella una noche llegó al suyo, mientras cenábamos me dijo:

—Sabes Juan, vamos a dejarlo hasta aquí.

—¡Te volviste loca Karen!, ¿de qué estás hablando?

—No puedo compartir mis días con un autista que no demuestra sus sentimientos y que vive en su propio mundo. Juan David, yo he agotado todos mis recursos, he asistido a charlas sobre cómo manejar nuestra relación, he visitado hasta un psiquiatra sin tener la menor idea y he llegado a la conclusión de que el problema no soy yo, sino tú. Prefiero tomar esta decisión ahora que ni siquiera estamos casados, que tomarla más tarde cuando el tiempo haya pasado y me sienta sin fuerzas para comenzar de nuevo. Tengo que reconocer que eres un ser humano maravilloso, pero en toda relación de pareja tiene que existir un balance que no tiene que ser cincuenta y cincuenta, siempre y cuando sume cien, pero en este caso la balanza se inclina a mi favor. ¿Qué te pasa Juan?, ¿qué fue de ese hombre lleno de vida que me enamoró?, ¿por qué te has encerrado en tu propio mundo?

—Bueno Karen, te voy a contar cosas de mi vida que nunca te he contado, no con la finalidad de justificarme, sino para que conozcas parte de mi historia personal. Tú has sabido estar a mi lado en todo momento y no he sabido valorarte, pero no es porque no te quiera, sabes... —Y no pude contener el llanto.

—Juan David, ¿por qué lloras? Nunca te había visto así.

—Karen, cuando yo era niño tuve la dicha de tener a un amigo que compartía conmigo mis sueños y a través del cual viajaba a otras dimensiones, a otro mundo, donde podía hacer realidad todos mis deseos.

—Y ¿quién era ese amigo?

—Un Papagayo.

—¿Un qué?

—Sí, como escuchaste, mi amigo era un Papagayo. —Ella se sonrió algo extrañada y se quedó callada durante un breve instante, luego me preguntó:

—¿Y qué pasó con él?

—Bueno, esa es una historia muy larga de contar, pero la compartiré contigo...

Comencé a relatarle mi historia. Sentados sobre la alfombra, descalzos y con el alma abierta, conversamos durante un largo rato. Cuando terminé de narrar todo lo que llevaba reprimido dentro de mi pecho, nos abrazamos sin decirnos palabra alguna. Al rato Karen me dijo:

—Sabes Juan, yo siempre estaré a tu lado y aunque todo esto parece un poco confuso, estoy contigo.

Al día siguiente Karen se presentó en la universidad y nos fuimos a hablar al cafetín.

—Karen, ¿pasó algo? Nunca has venido a visitarme a la universidad.

—No, solo quería darte algo que creo que va a cambiar tu vida…

Y me entregó un sobre. Al abrirlo encontré una hoja con un logotipo de una agencia de viajes y con una reservación para regresar a Venezuela.

—¿Qué es esto Karen?

—Quiero que regreses a Venezuela. Después de escucharte anoche creo que debes ir a "La Soledad" a reencontrarte contigo mismo, para que te enfrentes con tu realidad y así puedas saldar viejas cuentas con el pasado, hallando esa paz que tanto anhelas.

—Es que…

—¡Es que nada Juan David! Debe ser prioridad pensar en ti. Viaja tranquilo que yo estaré aquí esperándote hasta que tú creas que debes volver y si no vuelves, no te preocupes por mí, porque yo comenzaré de nuevo si es necesario… La vida me ha hecho ser una mujer resiliente. —La abracé con los ojos llenos de lágrimas y se marchó.

EN BUSCA DE MI VERDAD

A los pocos días estaba sentado en la butaca de un avión de regreso a Venezuela. Aterricé luego de un vuelo en el que no lograba dormir con la mente llena de miles de imágenes de mi pasado, mi infancia y momentos que estaban tatuados en mí ser. Salí del aeropuerto, tomé un carro de alquiler y me fui directo a "La Soledad". Durante el recorrido iba recordando muchos momentos hermosos que tenía bloqueado por mecanismo de defensa, para no sentir tristeza.

Estaba cerca de mi pueblo y mis manos sudaban de los nervios, sentí mi corazón latir a mil por hora, porque sabía que algo me tenía deparado el destino. Al llegar me encontré con otro pueblo muy distinto al que había dejado muchos años atrás, parecía mentira que hubiese cambiado tanto. "La Soledad" estaba abandonada, polvorienta y no se sentía la hermosa energía de antes.

Antes de llegar a mi casa fui a visitar a María Elena y para mi sorpresa, al entrar a la casa me encontré en el sofá de la sala a una señora descuidada y embarazada.

—María Elena, ¿eres tú?

—Hola Juan David, pareces todo un empresario.

Se levantó del sofá y nos dimos un caluroso abrazo. Ella comenzó a llamar a sus otros tres hijos para que yo los conociera; definitivamente el tiempo había pasado.

—Te ves muy bien, la capital te ha cambiado mucho.

—Bueno no mucho, solo un poquito. —Y nos reímos.

—¿Y qué viniste a buscar a este pueblo abandonado que se lo llevó quien lo trajo? Llevabas años sin venir.

—Vine a reencontrarme con la felicidad que se me extravió, con lo que un día fui. —Seguimos hablando y recordando viejos tiempos, luego me despedí y fui a mi antiguo hogar, donde pasé los mejores momentos y la mitad de mi vida.

Entré al estacionamiento y toqué la corneta del auto, mi madre salió de inmediato, pero no se imaginaba quién era el visitante. Me bajé del auto y ella corrió llorando de la emoción y nos dimos un gran abrazo.

—Hijo, ¿qué viniste a hacer aquí?, ¿por qué no me avisaste?, ¿dónde está Karen?

—Se quedó en Boston.

—Sí, pero ¿a qué se debe esta sorpresa?

—Vine a pasarme unos días de descanso… —No le conté más.

Al día siguiente me levanté temprano y fui a recorrer todos esos lugares maravillosos que tantas veces visité de niño y adolescente. Fui a saludar a viejos amigos que todavía vivían en el pueblo y luego caminé por los cerros y praderas, a los que de niño iba con Yako y Papagayo.

Caminaba y caminaba, analizando todo lo que había sido mi vida hasta ese momento. Creo que nunca me había detenido a pensar tanto en mí mismo, debido a mis múltiples ocupaciones y por miedo a tocar fondo dentro de mi corazón, teniendo que tomar decisiones trascendentales en mi vida.

A la mañana siguiente me levanté muy temprano y fui caminando hacia "Mi refugio", ese lugar al que iba cuando era niño y donde era pleno y feliz. Llegué a la cima sintiendo la fuerte brisa sobre mi rostro y el sol caliente que me llenaba de energía. Tomé una inhalación profunda y me senté a recordar todo lo que había sucedido en mi vida, mi relación con Karen, lo que había perdido, mi padre, Yako, Carlitos, Papagayo, entre otras cosas más, sintiendo mucha emoción por todo lo que había conseguido y logrado por mi propio mérito, que también era importante y uno casi nunca se detiene a pensar en lo que hemos logrado, sino en lo que hemos perdido.

Y así durante varios días estuve meditando y recorriendo viejos lugares. Aproveché también para ayudar a mi mamá, aunque desde que mi padre había muerto me hice cargo de los gastos de la casa y mi madre contrató a dos personas para que la ayudarán, teniendo la casa impecable y confortable. En las tardes me sentaba en el patio a contemplar los atardeceres, a escribir y plasmar todas mis emociones y sentimientos, además de llevarle flores a mi padre y a Yako.

Una tarde en que me encontraba en "Mi refugio", comencé a llamar desesperadamente a Papagayo, pero no aparecía por ninguna parte. Las gaviotas volaban tan lejos, sentía que había perdido esa facultad de volar, de hablar con ellas y con los pájaros.

Pasaron los días y nuevamente regresé a "Mi Refugio" con mucha ansiedad y con un papagayo que había comprado en el pueblo con la intención de poder regresar a ese tiempo en el que elevaba el más alto vuelto con mi amado amigo, pero no resultó. Corría desesperadamente y para mi desgracia la brisa no soplaba... solo estaba yo, mi nostalgia y mis ganas de regresar al ayer, pero no me di cuenta de que era imposible...

Esa tarde de regreso a "Mi Refugio", me senté bajó un árbol, contemplando entre lágrimas el hermoso paisaje que me rodeaba mientras el atardecer teñía de cobre todo a mi alrededor... Le pedí a Dios con todas mis fuerzas que ayudase a ser feliz de nuevo, que me permitiera recuperar ese don que tenía cuando era un niño, de poder hacer realidad todos mis sueños y así encontrar a Papagayo.

Cuando me levanté para irme de regreso a la casa, la brisa comenzó a soplar con fuerza y de pronto escuché una voz dulce de mujer que con todo su amor me dijo:

—Mi Juan, todo lo que has estado buscando durante estos años, está dentro de ti; Papagayo ya no existe afuera, sino adentro de tu corazón; lo que pasó es que te fuiste convirtiendo en adulto y perdiste la magia que poseen los niños de hacer realidad todos los sueños. Ya es hora de que le des alcance a la verdad y entiendas que solo tú y nadie más que tú puede rescatar a ese Juan David que en otra época fue el niño más feliz del mundo. Ve, regresa, que hay un mundo esperando por este mensaje y por ti, quien de ahora en adelante no pensará más como adulto, sino como un niño… Y recuerda que nada en esta vida es casual, todo tiene un porqué y una razón de ser…

Su voz se esfumó y me quedé sin habla, sin miedo y con una sensación de paz inmensa. Me dejé caer sobre el césped, me quedé esperando a que llegase la noche para contemplar las estrellas y buscarle formas como hacían cuando era niño y reflexionar sobre todo lo sucedió.

Allí sumergido en las profundidades de mi alma comencé a sentir que una fuerza dentro de mí crecía como una luz dorada, intensa, grande y que inundaba todo a mi alrededor, entré en una especie de trance. Sentí una conexión con toda la creación, era UNO con todo lo que me rodeaba y de pronto comencé a divisar a lo lejos entre las estrellas a mi amado Papagayo que volaba alto, pero en dirección a mí, a un costado, volaba Luz, mi amiga gaviota.

Yo desbordaba de alegría y cuando los tenía muy cerca, frente a mí, le di las gracias por todo el amor recibido y le prometí que les llevaría conmigo, que rescataría a ese Juan David que un día fui, a mi niño interno al cual había dejado abandonado en el pasado.

A partir de ese día mi vida dio giro de 180 grados, comencé a ver las cosas desde otra perspectiva, sin temores y sin culpar a otros de mis propios actos. Dejé de ser víctima y empecé a responsabilizarme de mi vida, resignificando así las historias de dolor que cargaba a cuestas.

A los tres días regresé a Caracas y luego de reencontrarme con Héctor y Roxana, tomé un avión con destino a Boston, para buscar a la mujer que amaba y que amo. Llegué de noche al apartamento y toqué el timbre para sorprender a Karen.

—¡No lo puedo creer...! —expresó Karen emocionada.

—Sí, créelo, soy yo, tu amor, quien vino a rescatar lo que más he amado en esta vida, a ti Karen... —Le entregué una cajita con el anillo de compromiso y una nota que decía: "El 6 de diciembre ¿te parece?". Ambos nos abrazamos llorando y ella no tenía palabras para expresar la emoción, después de unos minutos me dijo:

—Tú sabes que siempre había esperado este momento.

Nos abrazamos y nos amamos toda la noche... logré decirle lo que nunca le había dicho en mi vida, por miedo, por tonto, por adulto...

Llegó el 6 de diciembre y nos casamos en la iglesia de "La Soledad" y nuestros padrinos fueron Héctor y Roxana. Antes de irnos de la fiesta, abracé a Héctor y le di las gracias por sus consejos, por haberme dado tanto amor durante toda nuestra amistad y sobre todo por ser mi amigo.

—Sabes, yo también quiero darte las gracias porque tú sin saberlo fuiste una de esas personas que me hizo creer nuevamente en los seres humanos y valorar todo lo que me había dado la vida.

GRACIAS A DIOS

Hoy 23 de mayo fui al Ávila como de costumbre y decidí llevarme un cuaderno y un lápiz, para comenzar a escribir un pequeño libro con todo lo que ha sido mi vida hasta este momento.

Estoy feliz de ver el paisaje, esa ciudad de Caracas tan bella de la que me enamoré desde el primer día. No puedo escaparme de la presencia de Dios en todo lo que me rodea, la naturaleza, la hermosura que hemos creado los seres humanos, el clima, los pájaros cantando inocentemente. Me siento parte de ellos y siento que todo ese paisaje es un gran océano creado por Dios en donde solo soy una pequeña gota de agua, pero con todas sus características únicas, las cuales no puedo negar ni hacerme el indiferente.

Mi vida ha cambiado y no he vuelto a extrañar a Papagayo, porque sé que él vivirá por siempre dentro de mí.

Este libro está dirigido a todos los adultos del mundo, para que se detengan, observen todo lo que han creado e inicien el viaje más importante de sus vidas hacia lo más profundo de su ser en donde habita su niño interior...

Alejandro Pérez Bolaños

ÍNDICE

Made in the USA
Columbia, SC
08 January 2024